Maestro

Jeff Barger y
Pablo de la Vega

Educational Media

A Division of
Carson
Dellosa
Education

rourkeeducationalmedia.com

de la ESCUELA a la CASA

ANTES Y DURANTE LAS ACTIVIDADES DE LECTURA

Antes de leer: *construcción de los conocimientos del contexto y el vocabulario*

Construir los conocimientos del contexto puede ayudar a los niños a procesar nuevas informaciones y fortalecer los saberes que ya poseen. Antes de leer un libro es importante ahondar en lo que los niños ya saben sobre el asunto. Esto les ayudará a desarrollar el vocabulario e incrementar su comprensión lectora.

Preguntas y actividades para construir los conocimientos del contexto

1. Mira la tapa del libro y lee el título. ¿De qué piensas que tratará el libro?
2. ¿Qué sabes ya de ese tema?
3. Hojea un libro y echa un vistazo a sus páginas. Mira el índice, las fotografías, los pies de foto y las palabras en negritas. ¿Estas características del texto te dan alguna información o intuiciones acerca de lo que vas a encontrar en el libro?

Vocabulario: el vocabulario es clave para la comprensión lectora

Sigue estas indicaciones para iniciar una conversación acerca de cada palabra.

- Lee las palabras del vocabulario
- ¿Qué viene a tu mente cuando ves cada palabra?
- ¿Qué piensas que significa cada palabra?

Palabras del vocabulario:
- *directores*
- *ejemplos*
- *lección*
- *universidad*

Durante la lectura: *leer para entender y encontrar significados.*

Para lograr una comprensión profunda de un libro, hay que animar a los niños a hacer uso de estrategias de lectura atenta. Durante la lectura, es importante que los niños hagan pausas y conexiones. Dichas conexiones dan como resultado análisis más profundos y un mejor entendimiento del libro.

 Leyendo con atención un texto

Durante la lectura, pide a los niños que hagan una pausa y hablen de lo siguiente:

- Cualquier parte confusa.
- Cualquier palabra desconocida.
- Texto con texto, texto con uno mismo, texto en conexión con el mundo.
- La idea principal de cada capítulo o encabezado.

Anima a los niños a usar claves contextuales para determinar el significado de cualquier palabra desconocida. Estas estrategias ayudarán al niño a aprender a analizar el texto de manera más completa durante la lectura.

Cuando acabes de leer este libro, ve a la penúltima página para encontrar una **actividad posterior a la lectura.**

Índice

Ayudantes comunitarios

Los ayudantes comunitarios están por todas partes.

Hacen que nuestra vida sea mejor.

La gente que vive o trabaja en la misma área es parte de una comunidad.

Los maestros trabajan en escuelas.
Estos ayudantes guían a los estudiantes.

La mayoría de los maestros van a la **universidad**. Aprenden cómo enseñar.

En clase

El día comienza. El maestro recibe a los estudiantes cuando llegan.

Los maestros hacen que los estudiantes se sientan seguros y bienvenidos.

Suena la campana.

El maestro está listo para comenzar.

Un grupo de estudiantes es una *clase*. Una clase trabaja en un aula.

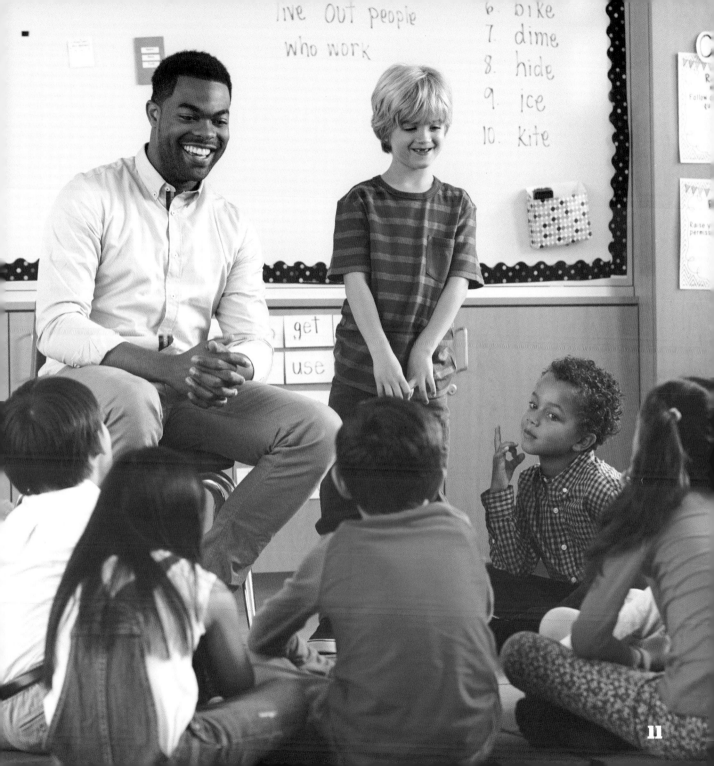

Esta **lección** es sobre las sumas.

Se da un **ejemplo**.

Los maestros dan a sus alumnos ejemplos de cómo trabajar.

La clase hace la suma. Escriben.

La maestra escucha cuando hablan.

Un maestro le dice a los estudiantes cómo van.

Después de clases

Es el final del día.

Los maestros acompañan a los estudiantes al autobús.

Mantener a los estudiantes seguros es uno de los trabajos de los maestros.

Los maestros se reúnen después de clases. Hablan sobre cómo ayudar a los estudiantes.

Los padres de familia y los **directores** también se reúnen con los maestros.

Los maestros ayudan a los niños a aprender y crecer.

Son importantes para una comunidad.

Actividad

Entrevista con tu maestro

Una entrevista sucede cuando haces a alguien varias preguntas. ¿Qué te gustaría preguntarle a tu maestro?

Qué necesitas

- papel
- lápiz

Instrucciones

1. Piensa en las preguntas que te gustaría hacer. Por ejemplo, una pregunta podría ser: «¿Por qué te convertiste en maestro?».
2. Escribe tres preguntas. Deja un espacio debajo de cada pregunta.
3. Hazle a tu maestro estas preguntas. Escribe cada respuesta debajo de cada pregunta.
4. Comparte tu entrevista con un amigo.

Glosario fotográfico

 **directores:** la gente que está a cargo de las escuelas.

 **ejemplo:** mostrar cómo puede ser hecho algo.

 **lección:** lo que se enseña a los estudiantes en la escuela durante un determinado período.

 **universidad:** un lugar donde los estudiantes aprenden y estudian después de que acaban la secundaria.

Índice analítico

Actividad posterior a la lectura

Imagina que estás enseñando a alguien cómo hacer un sándwich. Escribe en una hoja de papel los pasos que le enseñarías.

Sobre el autor

Jeff Barger es escritor, bloguero y especialista en literatura. Vive en Carolina del Norte. Jeff ha sido maestro durante 30 años. Le ha sacado punta a miles de lápices.

www.rourkeeducationalmedia.com

Edición: Kim Thompson
Tapa y diseño interior: Kathy Walsh
Traducción: Pablo de la Vega
Edición en español: Base Tres

Photo Credits: cover, title page, p.7, 20, 22: ©PeopleImages; p.5: ©Rawpixel.com; p.9: ©BraunS; p.11: ©monkeybusinessimages; p.13, 17, 22: ©Wavebreakmedia; p.15: ©Ridofranz; p.19, 22: ©Lokibaho

Library of Congress PCN Data

Maestro / Jeff Barger y Pablo de la Vega
(Ayudantes comunitarios)
ISBN 978-1-73163-004-9 (hard cover - spanish)(alk. paper)
ISBN 978-1-73163-003-2 (soft cover - spanish)
ISBN 978-1-73163-005-6 (e-Book - spanish)
ISBN 978-1-73163-373-6 (ePub - spanish)
ISBN 978-1-73161-422-3 (hard cover - english)(alk. paper)
ISBN 978-1-73161-217-5 (soft cover - english)
ISBN 978-1-73161-527-5 (e-Book - english)
ISBN 978-1-73161-632-6 (ePub - english)
Library of Congress Control Number: 2019945496

Rourke Educational Media
Printed in the United States of America,
North Mankato, Minnesota